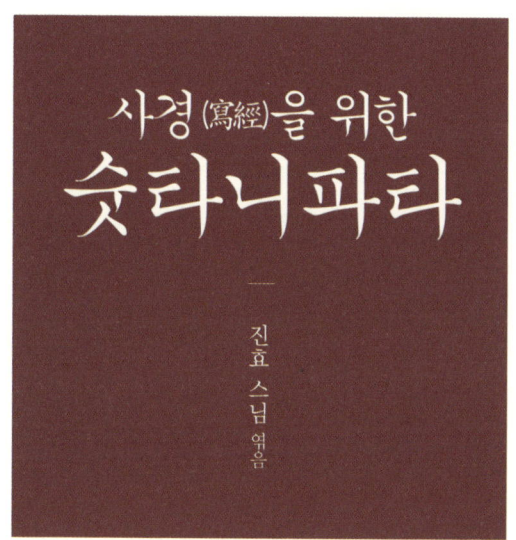

사경(寫經)을 위한
숫타니파타

진효 스님 엮음

Human & Books

엮은이 서문

부처님 말씀을 등불 삼아

어스름이 채 가시지 않은 이른 아침에 병풍처럼 둘러앉은 산을 마주합니다. 생각이 한가한 자리에서 마시는 차 한 잔이 황홀하고, 때마다 의미를 부여하지 않고 그저 있기만 하는 수많은 소리와 산처럼, 당연했던 것들이 새삼 아름답고 감사할 뿐입니다.

"解使毛端해사모단 呑巨海탄거해, 능장개자能將芥子 납수미納須彌"
"(지혜의 눈으로 보면) 터럭 끝 작은 이슬방울은 큰 바다를 머금고, 겨자씨 속에 수미산을 들일 수 있다."라고 했습니다. 십육나한 중 빈두로 발리타사존자의 게송 첫 구절입니다. 극히 큰 상상의 산인 수미산이 어떻게 극히 작은 겨자씨 속에 들어갈 수 있겠습니까? 가끔 아름다운 산을 보면서 "산을 눈에 담는다"라는 표현을 합니다. 실제 형상의 산을 눈에 담는 것이 아니라 경관과 감동과 느낌을 마음에 둔다는 의미인 것처럼 극히 작은 겨자씨가 수미산을 들일 수 있다함도 보고 듣는 가운데 고요함이 있다면 가능한 일입니다. 인연으로 형성된 모든 것의 모습이 항상 일정 하지 않다는 불변의 이치도, 형상 있는 크고 작음을 한계 없는 마음으로 볼 때 비로소 깨우칠 수 있습니다.

"하나가 곧 일체이며, 일체가 곧 하나"입니다. 무엇보다도 수미산을 들일 수 있는 작은 겨자씨의 움틈은 얼마나 찬란한 인연이며 또한 나한님의 자비입니까?

크고 작은 인연과의 관계 속에서 살아가는 우리가 부처님의 말씀을 만날 수 있는 인연은 행복 그 자체입니다. 우리가 살면서 맺는 무수한 인연의 마디에 부디 자비의 꽃이 피기를 바라는 마음으로 〈사경을 위한 숫타니파타〉를 냅니다.

부처님의 설법을 열반 후에 제자들이 운문형식으로 모음집을 낸 이후 전래되었다고 전해지는 초기불경경전인 〈숫타니파타〉를 법정스님과 석지현스님의 번역을 참고하여 재구성하였습니다. 부처님의 생생한 육성을 듣는 것처럼 편안한 문체 속에 담긴 보편적인 지혜와 부처님 말씀을 등불 삼아 균형된 마음으로 조화로운 삶의 종자를 심으시길 염원합니다.

진효 합장

마치 뱀이 묵은 허물을 벗어 버리는 것처럼

1.
뱀의 독이 몸에 퍼지는 것을 약으로 다스리듯,
치미는 화를 삭이는 사람은
이 세상도 저 세상도 다 버린다.
마치 뱀이 묵은 허물을 벗어 버리는 것처럼.

2.
연못에 핀 연꽃을 물속에 들어가 꺾듯이,
사랑의 욕망을 말끔히 끊어 버린 사람은
이 세상도 저 세상도 다 버린다.
마치 뱀이 묵은 허물을 벗어 버리는 것처럼.

3.
거센 강물이 연약한 갈대로 만든 둑을 무너뜨리듯이,
교만한 마음을 남김없이 없애 버린 사람은
이 세상도 저 세상도 다 버린다.
마치 뱀이 묵은 허물을 벗어버리는 것처럼.

4.
마음속에는 분노가 없고
이 세상의 부귀영화에 흔들리지 않는 사람은
이 세상도 저 세상도 다 버린다.
마치 뱀이 묵은 허물을 벗어 버리는 것처럼.

5.
너무 앞서거나 너무 뒤처지지도 않게
세상 모든 것의 덧없음을 알아 증오심을 버린 사람은
이세상도 저 세상도 다 버린다.
마치 뱀이 묵은 허물을 벗어 버리는 것처럼.

6.
자신에 대한 애착을 모두 끊고
죄악의 뿌리마저 뽑아 버린 사람은
이세상도 저 세상도 다 버린다.
마치 뱀이 묵은 허물을 벗어 버리는 것처럼.

*'마치 뱀이 묵은 허물을 벗어 버리는 것처럼'은 수행자가 마치 뱀이 허물을 벗듯 자신의 허물을 벗어버리고 참된 자신을 찾아나가는 과정을 그리고 있습니다. 원래 17편이지만 중복되는 의미를 피하여 6편만 사경할 수 있도록 했습니다.

소치는 사람 다니야

1.

소치는 다니야가 말했다:

나는 이미 밥도 지었고 우유도 짜 놓았습니다.

큰 강변에서 처자와 함께 살고 있습니다.

내 움막 지붕에는 이엉을 덮어 놓았고,

집 안에는 불을 지펴 놓았습니다.

그러니 하늘이시여! 비를 뿌리려거든 뿌리소서.

스승이 대답했다:

나는 성내지 않고 마음의 끈질긴 미혹도 벗어 버렸다.

큰 강변에서 하룻밤을 쉬리라.

내 움막에는 아무 것도 걸쳐 놓고 있지 않았고,

탐욕의 불은 남김없이 꺼 버렸다.

그러니 하늘이시여! 비를 뿌리려거든 뿌리소서.

2.

소치는 다니야가 말했다:

내게는 암소도 있고 송아지도 있습니다.

새끼 밴 암소도 있고 어린 암소들도 있으며,

암소들을 거느리는 우두머리 황소도 있습니다.
그러니 하늘이시여! 비를 뿌리려거든 뿌리소서.

스승이 대답했다:
내게는 어미 소도 송아지도 없다.
새끼 밴 암소도 없고 어린 암소도 없다.
암소들을 거느리는 우두머리 황소도 없다.
그러니 하늘이시여! 비를 뿌리려거든 뿌리소서.

3.
소치는 다니야가 말했다:
말뚝은 깊이 박아 흔들리지 않습니다.
고삐줄은 새로 튼튼하게 만들어서
소들이 풀고 도망갈 수 없습니다.
그러니 하늘이시여! 비를 뿌리려거든 뿌리소서.

스승이 대답했다:
성난 황소가 고삐줄을 끊어버리듯
화난 코끼리가 풀밭을 짓뭉개 버리듯
윤회의 사슬을 끊고, 나는 다시는 인간으로 태어나지 않으리.
그러니 하늘이시여! 비를 뿌리려거든 뿌리소서.

악마 파피만이 말했다:

자식이 있는 사람은 자식으로 인해 기뻐하고
소를 가진 사람은 소로 인해 기뻐한다.
물질의 소유로 사람은 기쁨을 삼는다.
그러니 많이 가진 부자는 늘 기쁘다.

스승이 대답했다:
자식이 있는 사람은 자식으로 인해 근심하고
소를 가진 사람은 소 때문에 걱정한다.
사람들은 물질의 소유로 인해 근심을 한다.
집착할 것이 없는 사람은 근심도 없다.

*다니야는 소를 치며 생계를 이어가는 목동입니다. 매우 성실하게 소를 돌보지요. 다니야는 자신이 열심히 일하고 아내와 자식들이 건강하고 소들이 잘 자라기에 걱정이 없다고 말합니다. 그러나 큰 비가 오면 어떻게 될 까요. 한꺼번에 모든 재산이 다 홍수에 휩쓸려 모든 것을 잃게 될 지도 모릅니다. 스승은 석가모니입니다. 스승께서 말하지요. 물질적인 소유는 한순간에 사라질 수 있다. 그러니 집착하지 말라구요. 악마가 다니야에게 속삭입니다. "아니다, 물질이 풍요한 부자가 행복하다." 그러나 어떻습니까? 사람은 집착 때문에 고민하고 근심하고 불행해집니다. 큰 홍수가 나고서야 다니야는 석가의 말씀을 깨닫게 되겠지요.

무소의 뿔처럼 혼자서 가라

1.

만남이 깊어지면 사랑과 그리움이 생긴다.
사랑과 그리움에는 늘 괴로움이 따른다.
사랑과 그리움에서 걱정거리가 생겨나는 것을 깊이 깨닫고,
무소의 뿔처럼 혼자서 가라.

2.

사람들을 너무 좋아하여
마음으로부터 그들에게서 벗어나지 못하면,
내 스스로의 길을 갈 수가 없다.
좋아함에는 이런 구속이 있음을 늘 염두에 두고
무소의 뿔처럼 혼자서 가라.

3.

사랑하는 사람과 함께 있으면 즐거움과 환락이 있고
자기 자식에 대한 애정은 깊어만 간다.
하지만 사랑할수록 이별은 더욱 슬픈 법
무소의 뿔처럼 혼자서 가라.

4.
가고 싶은 대로 가라.
누구를 해치지도 말고 두려움 없이
얻는 것에 만족해하며, 내 집에 있는 것처럼
편안하고 자신있게
무소의 뿔처럼 혼자서 가라.

5.
잎을 다 떨어낸 저 겨울나무와 같이
세상의 속박을 다 잘라버리고
편안하고 자신있게
무소의 뿔처럼 혼자서 가라.

6.
금세공인이 만들어낸 황금 팔찌도
두 개가 한 팔에 끼워져 있으면
서로 부딪혀 시끄러운 소리를 낸다.
무소의 뿔처럼 혼자서 가라.

7.
쾌락은 실로 종류가 다양하고 달콤하고 매혹적이며
갖가지 모습으로 마음을 어지럽게 하나니
쾌락에서 생겨나는 불행을 잘 보고서

무소의 뿔처럼 혼자서 가라.

8.
힘 센 커다란 코끼리가
제 무리를 떠나 숲속에서 한가로이 노닐 듯
무소의 뿔처럼 혼자서 가라.

9.
물속의 고기가 그물을 찢는 것처럼
불이 다 타버린 곳에는 다시 불이 붙지 않는 것처럼
모든 번뇌의 매듭을 끊어버리고
무소의 뿔처럼 혼자서 가라.

10.
소리에 놀라지 않는 사자같이
그물에 걸리지 않는 바람같이
물에 더럽혀지지 않는 연꽃같이
무소의 뿔처럼 혼자서 가라.

11.
탐욕과 증오와 어리석음을
그리고 나를 옥죄는 번뇌의 매듭을 끊어라
목숨을 잃어도 두려움에 떨지 말고

무소의 뿔처럼 혼자서 가라.

12.
사람들은 자기의 이익을 위해 벗을 사귀고, 남에게 봉사한다.
당장의 이익을 생각하지 않는 벗은 드물다.
인간이란 원래 제 이익만 생각하며 제 욕심만을 차린다.
무소의 뿔처럼 혼자서 가라.

*〈무소의 뿔처럼 혼자서 가라〉는 원래 수행자를 위한 노래입니다. 이것을 불자라면 따를 수 있는 노래만을 뽑아 다시 정리한 것입니다.

밭을 가는 사람 바라드바자

나는 이렇게 들었다.

1.
수행자시여.
나는 밭을 갈고 씨를 뿌려 수확을 한 다음 먹습니다.
그대도 밭을 갈고 씨를 뿌려야 합니다.
그 수확으로 먹어야 할 것입니다.
그대는 밭을 갈고 먹는다고 하지만
나는 한 번도 그대가 밭을 가는 것을 보지 못했다오.
밭을 가는 쟁기나 소를 모는 모습도 보지 못했다오.
그대가 농사짓는 것을 보여주시오.

2.
바라드바자여.
나도 씨를 뿌리고 밭을 갈고 난 다음에 먹습니다.
바로 내 믿음은 씨앗이요, 나의 참회와 고행이 하늘에서 내리는 비입니다.
나의 지혜는 밭을 가는 쟁기이고, 깊은 생각은 소를 모는 회초리입니다.
몸을 삼가고 말을 삼가고 말없이 진실을 지켜나갑니다.
마침내 짐을 실은 소가

나를 저 진리의 언덕으로 데리고 가면
근심과 걱정은 사라지게 됩니다.

3
바라드바자여.
이런 농사를 지어
영원히 썩지 않는 열매를 거두면
온갖 고통에서 벗어나게 됩니다.

[밭을 가는 바라문 바라드바자가 석가에게 공양하려고 했다.]

4.
바라드바자여.
시구를 읊어 얻은 것을 나는 먹을 수 없습니다.
부처는 시구를 읊어 얻은 것을 받지 않으니,
이것은 깨달은 자들의 올바른 자세입니다.
바라드바자여.
만약 공양을 하려거든
깨달은 자, 욕정을 모두 부수고 나쁜 행위를 멈춘 자에게
마음에서 우러난 음식을 바치시오.

*〈밭을 가는 사람 바라드바자〉 편은 의미가 있는 이야기다. 세존이 농부 바라드바자를 만났다. 바라드바자는 "일하지 않는 자는 먹지도 말라"고

하였다. 이에 세존은 땅에 농사를 짓는 것과 마음의 농사를 짓는 것을 비유적으로 말씀하셨다. 세존의 말씀에 감화가 된 바라드바자는 세존의 제자가 되어 마침내 아라한(깨달은 자)이 되었다.

대장장이 춘다

대장장이 춘다가 스승에게 물었다. 이 세상에는 어떤 종류의 수행자가 있습니까?
세존께서 말씀하셨다.

1.
수행자 중에는,
첫째 진리의 승리자가 있다. 진리의 승리자는 의심을 극복하여 고통이 없으며 니르바나에 머물며 온갖 탐욕에서 벗어나 자유로운 사람이라네.
둘째 진리를 말하는 가 있다. 진리를 말하는 자는 의심을 끊어 욕망의 물결이 일지 않아 자신 있게 진리를 말하는 사람이라네.
셋째 진리대로 사는 자가 있다. 진리대로 사는 자는 진리 속에 살면서 말과 행동을 삼가고 생각이 깊고, 올바른 길을 가는 사람이라네.
넷째 진리를 더럽히는 자가 있다. 진리를 더럽히는 자는 남 앞에서는 진리를 지키는 척 하지만, 혼자 있을 때는 탐욕스럽고 남을 속이고 쉼 없이 지껄여대며 속임수로 꾸미고 다니는 사람이라네.

파멸

나는 이렇게 들었다.

[세존께서 어느 날 기원정사에 머무르셨다. 한 밤 중에 아름다운 신이 나타나 세존께 '사람은 왜 파멸에 이르게 되느냐'고 물었다. 세존께서 답하셨다.]

1.

진리를 사랑하는 사람은 성공하고
진리를 싫어하는 사람은 파멸에 이른다.

2.

나쁜 사람들을 좋아하고 착한 이를 멀리하고
나쁜 사람들이 진리라고 믿는 것을 따라하는 사람은 파멸에 이른다.

3.

자신은 부자이면서도
아버지나 어머니를 돌보지 않는 사람은 파멸에 이른다.

4.

엄청난 재산을 소유하고도
부귀영화를 혼자만 즐기려는 사람은 파멸에 이른다.

5.
혈통과 재산과 가문을 뽐내면서도
가족이나 친지를 멸시하는 사람은 파멸에 이른다.

6.
여자와 술과 놀음에 빠져
자기가 번 것을 다 써버리는 사람은 파멸에 이른다.

7.
자기 아내에 만족하지 않고
다른 여자와 놀아나는 사람은 파멸에 이른다.

8.
술을 마시고 재물을 낭비하는 사람에게
실권을 맡긴 사람은 파멸에 이른다.

9.
자기 분수를 모르고 욕심에 눈이 어두워
늘 일확천금을 노리는 사람은 파멸에 이른다.

쉬어가기

산토끼

산토끼 토끼야 어디를 가느냐
깡충깡충 뛰면서 어디를 가느냐
산 고개 고개를 나 혼자 넘어서
토실토실 알밤을 주워서 올테야

* 흔히 어릴 적 불러보고 들었던 동심이 담긴 '산토끼' 노래.
추억을 떠올리듯 다시 불러봅니다.
나는 지금 어디로 가고 있습니까?
나는 무엇을 위해 힘들게 뛰고 있습니까?
내가 볼 수 없는 나의 뒷모습은 아름다운지?
가끔 고개 돌려 뒷사람에게 물어볼 일입니다.
우리 삶의 모습도 관조해 볼 일입니다.
뒤를 돌아보면 그리웠던 하늘도 거기 있습니다.

비천한 사람

나는 이렇게 들었다.
[세존께서 어느날 바라를 들고 아침 공양을 위해 사위성으로 들어가셨다. 이때 불을 섬기는 바라드바쟈라는 사람이 세존을 보고 소리쳤다. '비천한 자여. 가까이 오지 말고 게 서 있으라.' 세존께서 바라드바쟈에게 말했다. '비천한 사람이 무엇인지 아시오?' 바라드바쟈가 세존에게 비천한 사람에 대해 말해 달라고 했다.]

1.
늘 분노하며 증오심을 품고 사악하고 위선적이며,
잘못된 생각을 고집하며 권모술수를 일삼는 사람을
비천한 사람이라 한다.

2.
세상에 살아있는 것들을 해치고
모든 살아있는 것들에게 연민의 마음이 없는 사람을
비천한 사람이라 한다.

3.
마을과 도시를 포위하고 공격하여

사람들을 해치고 살해하는 광폭한 권력자를
비천한 사람이라 한다.

4.
마을에서나 어디에서나 다른 사람의 재산을 훔쳐
제 것으로 삼는 사람은 누구든,
비천한 사람이라 한다.

5.
증인이 되어 달라는 요청을 받았을 때에 자신의 이익이나
돈을 탐내어 거짓으로 증언을 하는 사람을
비천한 사람이라 한다.

6.
부모, 형제, 자매에게 잘 대하지 않고
폭력을 쓰거나 욕하는 사람을
비천한 사람이라 한다.

7.
자기 생각을 솔직하게 말하지 않고 마음속에 무엇을 숨겨
다른 사람에게 이득을 취하거나 손해를 보게 만드는 사람을
비천한 사람이라 한다.

8.
나쁜 짓을 하고도
남들이 모르기를 바라는 사람을
비천한 사람이라 한다.

9.
어리석음에 휩싸여
이 세상일을 예언하는 사람은 누구든,
비천한 사람이라 한다.

10.
스스로 우쭐대면서 다른 사람들은 헐뜯으며
자기 오만 때문에 목에 힘주는 사람을
비천한 사람이라 한다.

11.
성자가 아니면서 성자인 척 하는 사람이
자기 스스로 성자라고 지칭하며 세상을 속이는 사람을
비천한 사람이라 한다.

12.
태어남으로 천한 사람이 되지 않고
태어남으로 귀한 사람이 되질 않네.

사람은 모두 그 자신의 행위에 의해
귀하게도 되고 비천하게도 되네.

*이와 같이 말씀하시자 불을 섬기는 바라문 바라드바자는 세존께 "훌륭합니다! 마치 넘어진 것을 일으켜 세우듯이, 혹은 감추어진 것을 드러내듯이, 혹은 길을 잃은 사람에게 길을 알려주듯이, 혹은 어둠 속에서 등불을 비춰 주듯이, 세존께서는 제 마음의 등불을 밝혀 주셨습니다."라고 하면서 세존께 귀의하여 제자가 되었다.

자비

1.
살아있는 것이라면 무엇이든지
약하든 강하든 길든 짧든 크든 작든
제 아무리 미미하고 보잘것없는 것일지라도
살아있는 것들아, 부디 행복하고 편안하여라.

2.
눈에 보이는 것이나 보이지 않는 것이나
멀리 또는 가까이 살고 있는 것이나
이미 태어난 것이나 앞으로 태어날 것이나
살아있는 것들아, 부디 행복하고 편안하여라.

3.
마치 어머니가 목숨을 걸고 외아들을 아끼듯이,
모든 살아 있는 것에 대해 한량없는 자비심을 가져라
서 있을 때나 길을 걸을 때나 앉아 있을 때나
언제 어디서든 자비심을 굳게 가져라.

4.
자비심이 온 세상에 골고루 스미게 해라
위로 아래로 또는 옆으로
막힘도 없고 미움도 없이
온 세상에 골고루 자비심이 퍼져 나가게 해라.

눈 덮인 산에 사는 구도자

눈 덮인 산에 사는 구도자 둘이 세존의 명성을 듣고 토론을 나눈다. 그들은 세존이 과연 소문처럼 지혜를 가진 자인가를 알고 싶어 한다. 마침내 그들은 세존을 만나 '세상은 왜 생겨났고, 사람들은 왜 그렇게 애착이 많으며 무엇 때문에 괴로워하는가'를 묻는다. 이에 세존은 답한다.

1.
사람은 보고 듣고 냄새를 맡고 맛을 느끼고 감촉을 느낀다.
그렇게 느낀 것을 생각한다. 그리고 그 여섯 가지에 집착한다.
이 집착이 번뇌의 근원이다.
이 여섯 가지에 대한 욕심을 버리면
고통에서 풀려난다.

2.
다섯 가지 감각이 주는 피상적인 기쁨과 헤어지고
그 감각의 기쁨을 생각하는 마음과도 헤어져
마음을 고요히 다스리면
건너기 어려운 저 바다를 건널 수 있나니
깊은 바다에서도 능히 가라앉지 않나니.

*세존의 설법을 듣고 눈 덮인 산에 사는 구도자는 동료 1000여 명과 함께 세존의 제자가 되었다.

수행자 알라바까

나는 이렇게 들었다.
[어느 날 세존은 수행자 알라바까가 사는 곳 근처에 머물렀다. 알라바까가 세존을 찾아와 세존을 시험하고 자신의 물음에 답하지 못하면 '심장을 찢어버리고 갠지즈강에 집어 던지겠다고' 협박하면서 말했다.]

1.
세상에서 가장 으뜸가는 재산은 무엇입니까?
무엇을 잘 해야 세상에서 행복합니까?
어떤 것이 가장 맛있는 것입니까?
어떻게 사는 것이 가장 잘 사는 것입니까?

2.
믿음이 이 세상에서 가장 으뜸가는 재산이요,
진리를 잘 지키면 행복하고
진리야말로 세상에서 가장 좋은 맛이며
지혜롭게 사는 것이 가장 잘 사는 것이다.

3.
어떻게 해야 이 욕망의 바다를 건너갑니까?

어떻게 해야 이 고통의 바다를 건너갑니까?
어떻게 해야 이 고뇌의 바다를 건너 순수해집니까?

4.
믿음으로 욕망의 바다를 건너며
노력으로 고통의 바다를 건너며
인내로 고뇌의 바다를 건너
지혜로 순수해진다.

5.
어떻게 해야 지혜를 얻을 수 있으며
어떻게 해야 재산을 모을 수 있으며
어떻게 해야 명성을 얻을 수 있으며
어떻게 해야 친구를 사귈 수 있으며
어떻게 해야 죽음을 슬퍼하지 않게 됩니까?

6.
눈을 뜬 지혜로운 사람을 믿고 그 가르침을 듣고자 한다면
지혜를 얻게 될 것이며,
자기에게 맞는 일을 하며 잘 참고 노력하면
재산을 얻을 것이며,
진실에 의해서만 저절로
명성은 얻어지는 것이며,

무엇을 베풀어야만
친구를 얻을 수 있으며,
진리와 정의를 사랑하고 남을 용서하고 스스로 인내한다면
죽음은 슬프지 않은 것이다.

*수행자 알라바까는 이 설법을 듣고 세존의 제자가 되어 자기가 들은 바를 설파하겠다고 맹세하였다.

승리

1.
인간의 육신은 살아서도 깨끗하지 않고
늘 악취를 풍기나니
온갖 오물이 아홉 구멍에서 흘러나오네.
어리석은 인간은 청춘의 육신을 아름답다고 믿지만
머지않아 시신이 되면 검푸르게 변하여 썩어나는 것.

2.
한때는 저 시신도
청춘의 내 육신과 같았음을 깨닫게 된다면
자기 육신의 실체를 알게 되리라.
내 육신 또한 썩어가는 저 시신과 같이 되리니
그러므로 육신에 대한 애착을 버리고
마음의 눈을 뜨면
세상의 욕망과 집착에서 벗어나
저 피안의 평화에 이르게 되네.
그것을 마음의 승리라 하지 않겠는가.

성자

1.
홀로 걸으며 게으르지 않고
칭찬에도 비난에도 흔들림없이
시끄러운 소리에 놀라지 않는 사자처럼
그물에 걸리지 않는 바람처럼
흙탕물에 더럽혀지지 않는 연꽃처럼
남에게 이끌리지 않고 남을 이끄는 사람,
그를 성자라고 부르네.

2.
무엇이 옳고 그른지를 알아 마음 단단하고
악행을 싫어하며
칭찬을 듣거나 욕을 들어도 우뚝 선 거목처럼
흔들림 없고
젊어서도 늙어서도 자신을 다스려
누구도 화내지 않게 하면서
남들로 인하여 스스로 화내는 일 없는 사람이라면
그를 성자라고 부르네.

비린 것

1.
목숨 있는 것을 죽이고 때리고 자르고 묶고
훔치고 거짓말 하고
남을 속이고 그릇된 것을 배우는 것
이것이 바로 비린 것이지 고기를 먹는 것이 비린 것은 아니다.

2.
욕망을 억제하지 않고 맛있는 것을 탐하고
부정한 사람들과 어울리고,
바르지 못한 행동을 하는 완고하고 어리석은 것
이것이 비린 것이지 고기를 먹는 것이 비린 것은 아니다.

3.
난폭하고 잔혹하며 험담하기를 좋아하고
친구를 배신하고 오만하고 인색해서
아무 것도 남에게 베풀지 않는 것
이것이 비린 것이지 고기를 먹는 것이 비린 것은 아니다.

4.
성내고 교만하고 고집스럽고 반항심과 질투심이 강하고
남을 속이거나 허풍떨기를 좋아하고,
나쁜 사람들과 어울리는 것
이것이 비린 것이지 고기를 먹는 것이 비린 것은 아니다.

5.
마음대로 살생을 하고 남의 것을 빼앗으면서 해치고
욕심 많고 난폭하며,
다른 사람에게 무례한 것
이것이 비린 것이지 고기를 먹는 것이 비린 것은 아니다.

진실한 우정

1.
'나는 자네의 친구'라고 항상 말하면서도
해줄 수 있는 일은 하나도 해주지 않는 친구,
그는 내 친구가 아님을 알아야 하네.
우정에 금이 갈까 늘 말로 걱정하면서도
친구의 결점을 찾아내는 사람은
그는 내 친구가 아님을 알아야 하네.
그와 함께 하면 어머니 품에 안긴 아들처럼
편안한 사람이
그야말로 다른 사람들이 갈라놓을 수 없는 내 친구라네.

더없는 행복

나는 이렇게 들었다.
[세존께서 어느 날 기원정사에 머무르셨다. 한밤중에 아름다운 신이 나타나 '더없는 행복'이 무엇이냐고 세존께 물었고, 세존께서 답하셨다.]

1.
어리석은 사람들을 가까이 하지 말고
어진 사람과 가깝게 지내며,
존경할 만한 사람들을 존경하는 것
이것이 더없는 행복이나니.

2.
자기의 분수에 맞는 곳에 살고
일찍이 공덕을 쌓고,
스스로는 바른 소원을 기원하는 것
이것이 더없는 행복이나니.

3.
넓게 많은 것을 알고
기술과 훈련을 쌓고,

그 위에 바른 말을 조심하게 하는 것
이것이 더없는 행복이나니.

4.
부모를 섬기고
가족을 사랑하고 아껴주는 것
이것이 더없는 행복이나니.

5.
형편 따라 남을 도우며 바르게 살고
친지들을 아끼고 도우며
남에게 욕을 먹지 않게 사는 것
이것이 더없는 행복이나니.

6.
악을 싫어해 멀리하고
술을 절제하고 덕행을 소홀히 하지 않는 것
이것이 더없는 행복이나니.

7.
진리를 존경하고 겸손하며 감사한 마음을 가지고
알맞은 때에 진리의 가르침을 듣는 것
이것이 더없는 행복이나니.

8.
세상 어려운 일에 부딪쳐도 마음이 흔들리지 않고
슬픔과 걱정이 없이 마음이 편안한 것
이것이 더없는 행복이나니.

9.
꿋꿋하게 스스로 걸어가는 사람은
어떤 경우에도 굴복하지 않으며
모든 곳에서 편안함을 얻나니
그 편안함이
이것이 더없는 행복이나니.

수킬로마 수행자

나는 이렇게 들었다.
[세존께서 수행자 수킬로마가 있는 곳 부근에 앉아계셨다. 수킬로마는 세존을 시험하기 위해 지나가다가 몸을 부딪쳤다. 그리고는 세존께 자신이 두려운지를 물었다. 세존이 두렵지 않다고 하자 수킬로마는 자신의 물음에 답하지 못하면 '심장을 찢어버리고 갠지즈강에 집어 던지겠다고' 협박하면서 말했다.]

1.
욕망과 증오는
좋은 것과 싫은 것과 공포는
사내 녀석들이 까마귀를 괴롭히듯
사람의 마음을 괴롭히는 의심은
그것들은 어디에서 생겨난 것인가요?

2.
욕망과 증오는 욕망과 증오에 찬
자신의 마음에서 오는 것이다.
좋은 것과 싫은 것과 공포는 역시 그러한 것이 가득 찬
자신의 마음에서 오는 것이다.

사내 녀석들이 까마귀를 괴롭히듯
사람의 마음을 괴롭히는 의심은 그러한 것이 가득 찬
자신의 마음에서 오는 것이다.

3.
이런 모든 것들은 자신의 욕망에서 자라나
나무에서 어린 새싹이 나와
온 숲을 뒤덮는 무성한 덩굴이 되는 것처럼
여러 감각적 쾌락과 뒤엉켜 자신을 괴롭히는 것이네.

4.
수킬로마여
어디에서 그것이 일어나는지 아는 사람은
그 근원을 미련없이 버리고
누구도 건너간 적 없는 저 피안의 바다를 건너
두 번 다시는 삶의 애욕으로 들어오지 않는다네.

쉬어가기

밀양아리랑

날 좀 보소
날 좀 보소
날 좀 보소
동지섣달 꽃 본 듯이
날 좀 보소

* 현전하는 '아리랑' 중 경상도 지역의 대표적 통속 민요인 '밀양 아리랑'
한 소절에 화두를 던져 봅니다.
나는 누군가에게 동지섣달에 보는 꽃과 같이 반가운 사람입니까?
나는 누군가를 한겨울에 꽃을 보듯 예쁘고 기쁘게 보고 있습니까?
자신에게 물음을 던져 볼 일입니다.
모습대로, 향기대로 예쁘지 않은 꽃이 어디 있습니까?
매듭 없는 인연을 위해 모두를 꽃으로 보는 그대가 바로 이 순간에 꽃
이 됩니다.

진리를 찾아서

1.
거칠게 말하여 남을 괴롭히기를 좋아하는
짐승같은 자의 삶은 죄악으로 가득 차
스스로 자기 더러움만 늘려가네.
말다툼하기를 좋아하고
어리석음에 뒤덮여 있는 자는
진리를 들어도 깨닫질 못한다네.

2.
자기 본래의 청정한 마음을 헤집고 헤집어
어리석음에 이끌려 저 어둡고 어두운 무지 속으로 빠져들어
지옥으로 가는 길임을 알지 못하네.
그러한 자는 죽고 난 뒤 이 자궁에서 저 자궁으로
끝없이 헤매면서 고통을 겪네.

3.
저 똥통을 보라, 오랜 세월이 흘러도
쌓이는 것은 똥 무더기뿐이네,
죄업으로 가득 차 있는 사람은 그 똥 무더기 같아
청정해지기 어렵네.

4.
먼지처럼 불어 날리고 쓰레기처럼 치워라.
사악한 사람들을.
스스로 청정해져서, 사려 깊고 청정한 이들과 함께 하라
그러면 밤에 울던 아픔과 슬픔 사라지리니.

최상의 목적

1.
어떻게 덕행을 쌓아야, 어떻게 행동을 해야
계율이 완벽하게 자리를 잡고
최상의 목적을 성취하게 될까?

2.
윗사람을 공경하고 시기하지 말라.
스승을 찾아갈 때는 스승의 가르침에 귀 기울여
들어야 할 순간을 알며
스승의 말씀을 소중하게 경청하라.

3.
고집을 버리고
선한 것과 진리를 존중하고 자기를 절제하며
늘 성실하게 실천하라.

4.
진리를 즐거워하라.
진리 안에서 기뻐하며

진리 안에서 꿋꿋이 서고 진리를 살피는 길을 알며
진리를 더럽히는 어떤 말도 하지 말고
진리에 의지하여 살아야 한다.

5.
농담과 슬픔과 혐오
거짓말과 위선, 탐욕과 오만, 화냄과 거친 말투
비행非行과 어리석은 짓에 빠져들지 말고
확고한 태도로 꿋꿋이 나가라.

깨어있음

1.
일어나라, 앉아라.
잠을 자서 너희들에게 무슨 이익이 있겠느냐.
화살에 맞아 고통 받는 사람들이 어떻게 잠을 잘 수 있겠는가.

2.
일어나라, 앉아라. 평안을 얻기 위해 일념으로 배워라.
그대들이 게을러서 그 힘에 굴복한 것을 염라대왕이 알고 있다.
그대 자신을 다시는 방황하지 않도록 하라.

3.
사람들은 애착에 얽매여 무엇인가를 갖고 싶어 한다.
이 집착에서 벗어나라.
짧은 세월을 헛되이 보내지 말라.
짧은 세월을 헛되이 보낸 자는 지옥에 떨어져 슬퍼하기 때문이다.

4.
게으름은 더러운 쓰레기와 같다.
계속되는 게으름은 말할 것도 없는 쓰레기.
열심히 정진하여 그대 영혼에 박힌 고통의 화살을
지혜의 집게로 뽑아내시게.

라훌라에게

[세존께서 구도자 라훌라에게 거듭거듭 다음과 같은 시를 읊어주고 다독이셨다.]

1.
라훌라여, 현명한 자를 깔보지는 않는가?
모든 인간에게 비춰주기 위해
횃불을 들고 있는 사람을 공경하는가?

2.
라훌라여, 그대는 진리를 찾기 위해 집을 떠났느니
아름답고 매혹적인 다섯 가지 감각을 버리고
믿음을 갖고 정진하여 인간의 모든 고뇌를 끊는 자가 되어라.

3.
덕성을 갖춘 친구들과 사귀고
마을에서 떨어진 고요한 곳에 머물면서
음식에 탐욕하지 말고 늘 절제하라.

4.
좋은 옷과 맛난 음식과 으리으리한 집,
이런 것들에 지나치게 갈망하지 마시게,
다시는 세상으로 돌아가지 말라.

5.
계율에 따라 자제하고,
다섯 가지 감각에 주의를 기울이고
세상에 대한 미련을 다 떼어 버려라.

6.
애욕이 있으면 겉모양에 사로잡힌다.
겉모양은 결국 덧없이 사라지는 것이니
그대 몸과 그대를 사로잡았던 겉모양도 덧없이 사라지는 것이니
마음을 잡아서 흩어지지 않게 하라.

7.
모든 형상은 덧없이 변해가는 것이니
오만에 빠지지 말라, 오만을 없애면
그대 고요하고 넉넉하게
세상을 살게 되리니.

수행자에게

세존께서 이와 같이 말씀하셨다.

1.
예언하지 말라.
별자리 점이나 해몽을 하지 말라.
미래에 닥칠 길흉화복에 대한 생각을 모두 버려야만
이 세상에서 바른 길을 가네.

2.
남을 비방하지 않고 노여움과 인색함에서 벗어나
남이 비방하거나 칭찬하거나 그 모두를 벗어나야만
이 세상에서 바른 길을 가네.

3.
좋아하는 것과 싫어하는 것 다 버리고
어떤 것에도 집착하지 않고
모든 속박에서 벗어난 나야만
이 세상에서 바른 길을 가네.

4.
아무런 애착도 없고
죄업은 뿌리부터 뽑아 버렸으며
욕망과 갈망도 없으면
이 세상에서 바른 길을 가네.

5.
진리의 길을 보고
탐욕과 분노를 잠재우고
여러 주장에 조금도 흔들리지 않아야
이 세상에서 바른 길을 가네.

6.
청정하여 번뇌를 이겨내고
세상의 비밀을 벗겨내어 진리를 얻어 저 언덕에 이르렀나니
윤회를 종식시키고
이 세상에서 바른 길을 가네.

7.
과거와 미래에 대해서 쓸데없는 생각을 하지 않고
순수한 지혜를 갖추고
마음이 머무는 곳 어디에서든지 벗어나 자유로워야
이 세상에서 바른 길을 가네.

담미카의 물음

나는 이렇게 들었다.
[세존께서 사위성 기원정사에 머물고 계셨다. 담미카라는 제자가 500여명의 제자를 대표해서 세존께 수행의 기본을 질문했다.]

1.
산 것을 몸소 죽여서는 안 된다.
또 남을 시켜 죽여서도 안 된다.
그리고 죽이는 것을 보고 묵인해도 안 된다.
난폭한 것을 두려워하는 모든 생명에 대해 폭력을 휘둘러서는 안 된다.

2.
가르침을 받는 사람은 무엇이든, 또 어디에 있든,
주지 않는 것은 갖지 말라.
남을 시켜 가지는 것을 묵인하지도 말라.
주지 않는 것은 무엇이든 가져서는 안 된다.

3.
슬기로운 사람은 음란한 행동을 하지 않는다.
타오르는 불구덩이를 피하듯

순결한 삶을 살 수 없다면
적어도 남의 사람과의 죄는 짓지 말아야 한다.

4.
남에게 거짓말을 해서는 안 된다.
남을 시켜 거짓말을 하게 해서도 안 된다.
또 남이 거짓말 하는 것을 묵인해도 안 된다.
진실하지 않은 말, 허망한 말을 하지 말라.

5.
술에 취해서는 안 된다.
다른 사람을 시켜 술에 취하게 해서도 안 된다.
다른 사람이 술 마시는 것을 묵인해도 안 된다.
술은 마침내 사람을 취하게 하고 미치게 하는 것임을 알라.

6.
정직하게 번 돈으로 부모를 잘 모시고
장사를 할 때는 명예를 더럽히지 않는 장사를 하여라.
근면하고 성실하게 살아가는 사람은
이 세상이 끝날 때 더 좋은 곳으로 가게 될 것이다.

말을 잘하는 방법

나는 이렇게 들었다.
[세존께서 사위성 기원정사에 머물고 계실 때 제자들에게 말을 잘하는 방법에 대해 설하셨다.]

첫째 가장 좋은 말을 하라.
둘째 진리를 말하라.
셋째 남의 감정을 상하는 말을 하지 마라.
넷째 진실을 말하라.

[이에 세존의 제자 반기사가 스승의 말을 듣고 쉽게 풀이했다.]

1.
자기에게 고통을 주는 말이나
다른 사람에게 고통을 주는 말을 하지 말라.

2.
애정이 담긴 말을 하라.
속마음에 없는 가식의 말을 하면 남들도 안다.
죄악에 찬 말을 삼가고
다른 사람에게 도움이 되는 말을 하라.

3.
진실은 불멸의 말이며 영원의 법칙이다.
착한 사람들은 진리에 바탕을 둔 진실 위에 바르게 서 있다.

순다리카

나는 이렇게 들었다.
[세존께서 코살라의 강 언덕에 머물고 계실 때 순다리카라는 브라만(귀족)이 세존께 다가와 세존의 고귀함을 보고 "수행자여, 당신은 어느 계급 출신인가?"라고 물었다.]

나는 브라만도 천민도 아니며
이 세상 어느 계급에도 속하지 않는다.
나는 아무 가진 것 없지만 이 세상을 깊이 생각하면서 살아간다.
허름한 옷을 걸치고 머리를 깎고
집 없이 세상을 살아간다.
브라만이여, 나에게 계급을 묻는 것은 어리석다.

[순다리카는 세존의 말씀을 듣고 깊이 깨닫고, 다시 물었다. "그러면 어떤 사람이 공물을 바쳐도 되는 고귀한 사람입니까?"]

1.
계급을 묻지 말고 그 사람의 행위를 보라.
모든 장작으로부터 똑 같은 불이 타오르듯이
아무리 천한 계급 출신도

진리를 믿고 부끄러움을 알며 자신을 잘 다스린다면
그는 고귀한 사람이다.

2.
탐욕을 버리고 몸이 요구하는 것에 구애받지 않고
달이 월식에서 벗어나듯이
그런 상태에서 벗어난다면
그는 고귀한 사람이다.

3.
마음이 넉넉하여
내 것에 대한 집착을 벗어던지고
욕망의 누더기 또한 던져버리고
삶과 죽음의 끝을 통찰하여
맑고 푸르기가 저 호수와 같이 깊고 잔잔한 사람,
그는 고귀한 사람이다.

4.
교만하지 않고 노여움도 거짓도 없이
마음은 잔잔한 호수 같아서
모든 근심의 때를 벗어버린 사람,
그는 고귀한 사람이다.

5.
욕망과 거친 말들을 모두 버리고
더 이상 어떤 것에도 구속되지 않으면서
오만한 자들 속에서도 오만하지 않은 사람,
그는 고귀한 사람이다.

6.
진리의 세계로 들어가
애욕의 길을 끊어 완전히 버리고
바르고 넉넉하며 모든 불신에서 벗어나
저 가을같이 투명한 사람,
그는 고귀한 사람이다.

화살

[어떤 사람이 아들을 잃고 7일 동안이나 음식도 먹지 않고 슬픔에 잠겨 있었다. 세존께서 그를 찾아가 설법한 내용이다.]

1.
살아 있는 모든 것은 언젠가는 죽는다.
늙으면 죽음이 오나니,
이것은 목숨이 있는 자의 운명이다.
살아가는 동안에도 괴로움은 언제나
삶의 그림자가 되어 삶을 뒤따른다.

2.
익은 과일은 빨리 떨어지듯이
살아 있는 자는 언젠가 죽음의 나락으로 떨어지나니
그에게는 항상 죽음의 검은 그림자가 그를 뒤따른다.

3.
아무리 잘 구워진 도자기라도
언젠가는 깨어져버리듯
인간의 목숨 또한 언젠가는 시들어버린다.

4.
온 곳도 알 수 없고 가는 곳도 알 수 없다.
탄생과 죽음의 양끝을 모르고서
죽음에 대해 걱정하고 탄식만 하는 것이 인간이다.

5.
사람들은 자기가 지은 업(業)에 따라 죽어 간다.
살아 있는 사람들은 모두 죽음의 포로가 되어
저렇게 공포와 죽음에 떨고 있다.

6.
죽은 이를 그리워하며 언제까지나 슬픔에 젖어있으면
슬픔에 괴로움을 더할 뿐이다.
가는 슬픔을 불러 또다시 괴로움에 빠질 뿐이다.

7.
집에 불이 난 것을 물로 꺼버리듯이,
총명한 사람들은 슬픔을 이내 지워 버린다.
마치 바람이 솜을 저 멀리 날려 보내는 것처럼.

8.
번뇌의 화살을 뽑아야 한다.
슬픔과 고통과 불만에 가득한 저 화살을.

이 화살을 뽑아버린 사람은
모든 걱정을 초월한 자, 근심 없는 자,
평안에 들어간 자가 된다.
이 모든 슬픔을 넘어서
축복의 경지에 이른다.

쉬어가기

산토끼

산토끼 토끼야 어디를 가느냐

깡충깡충 뛰면서 어디를 가느냐

산 고개 고개를 나 혼자 넘어서

토실토실 알밤을 주워서 올테야

* 흔히 어릴 적 불러보고 들었던 동심이 담긴 '산토끼' 노래.
추억을 떠올리듯 다시 불러봅니다.
나는 지금 어디로 가고 있습니까?
나는 무엇을 위해 힘들게 뛰고 있습니까?
내가 볼 수 없는 나의 뒷모습은 아름다운지?
가끔 고개 돌려 뒷사람에게 물어볼 일입니다.
우리 삶의 모습도 관조해 볼 일입니다.
뒤를 돌아보면 그리웠던 하늘도 거기 있습니다.

바세타의 물음

나는 이렇게 들었다.
[세존께서 이차남갈라의 마을 숲속에 머물고 계셨다. 이 마을에 사는 브라만 출신 구도자 두 청년, 바세타와 바라드바쟈가 찾아와 세존께 물었다. "어떤 사람이 진정한 브라만(깨달은 자)입니까? 출신이 고귀해야 합니까? 행동이 고귀해야 합니까?"]

1.
풀은 풀이고 나무는 나무이듯이
짐승은 짐승이고 새는 새이듯이
인간은 인간이다.
그가 농부든 상인이든 도국이든 왕이든
부자이든 가난뱅이이든
인간은 인간이다.

2.
사람의 이름은
이 세상에 태어나서 부모에 의해 붙여진
임시의 명칭에 지나지 않는다.
이 이름 뒤에 있는 가문은

그야말로 허울에 지나지 않는다.
출신이 좋아야 브라만이 되는 것이 아니며
출신이 나쁘다고 해서 브라만이 아니 되는 것도 아니다.

3.
사람은 행위에 의해
농부도 상인도 통치자도 된다.
행위에 의해 인간이 존재하며
행위 때문에 또 구속당하는 것이다.

4.
연잎 위의 이슬같이, 송곳 끝의 겨자씨 같이
애착에 머물지 않는 사람,
나는 그를 바라문이라 부른다.

5.
강하건 약하건
살아 있는 것에 대해 폭력을 행사하지 않으며
죽이지도 않고 죽임을 당하지도 않는 사람,
나는 그를 바라문이라 부른다.

6.
적의가 가득한 속에서도 적개심 없이
폭력 속에서도 마음이 온화하며

집착하는 자들 속에서도 집착이 없는 사람
나는 그를 바라문이라 부른다.

7.
현세의 부귀영화도 내세의 영광이나 권세도
아무 곳에도 사로잡히지 않는 사람,
나는 그를 바라문이라 부른다.

8.
구름 걷힌 달과 같이 청아하여
맑디맑은 사람,
환락의 세상을 모두 청산한 사람,
나는 그를 바라문이라 부른다.

9.
과거와 현재와 미래
어디에서도 아무 것도 소유하지 않고
소유라고는 털끝 하나도 없는 사람,
나는 그를 바라문이라 부른다.

10.
세상의 쾌락과
산속의 고요한 삶에 대한 기대마저 버린 사람,
깨끗하기가 가을하늘 같고

어떤 올가미에도 걸리지 않는 바람 같은 사람,
나는 그를 바라문이라 부른다.

11.
인간의 굴레를 벗어 버리고
하늘의 굴레마저 벗어 던진 사람,
그리하여 이 모든 굴레를 모두 벗어 버린 사람,
나는 그를 바라문이라 부른다.

코칼리야의 죽음

나는 이렇게 들었다.
[세존께서 사위성의 기원정사에 머물고 계셨다. 수행자 코칼리야가 세존께 세존의 제자인 사리불과 목련을 욕했다. 세존께서는 그들을 욕하지 말라고 일렀다. 하지만 코칼리야는 욕설을 멈추지 않았다. 머침내 코칼리야는 온몸에 종기가 나서 죽어, 지옥에 떨어졌다. 이에 세존께서 설하셨다.]

1.
사람이 태어날 때에는 그 입안에 도끼도
함께 가지고 나온다.
어리석은 사람은 악한 말을 하여,
그 도끼로 자신을 찍는다.

2.
비난받을 사람을 칭찬하고,
또 칭찬해야 할 사람을 비난하는 사람,
그는 입으로 죄를 더한다.
그 죄 때문에 즐거움을 누리지 못한다.

3.
거짓말을 하는 자는 지옥에 떨어진다.
또 어떤 짓을 했으면서 안 했다고 하는 자도 마찬가지다.
이들은 둘 다 똑같이 행동이 비열한 사람들이라,
죽은 후에는 지옥에 떨어진다.

4.
남을 해칠 마음이 없는 깨끗하고 착한 사람을,
미워하는 사람은 반드시 그 대가를 받게 된다.
바람을 거슬러서 먼지를 날리는 것처럼.

5.
입이 더럽고 부실하며 천한 자여,
산 것을 죽이고 사특하여 악한 행위를 하는 자여,
야비하고 불량하며 덜된 자여,
이 세상에서 말을 너무 하지 말라.
그대는 지옥에 떨어지리라.

6.
그 어떤 업도 멸하지 않는다.
그것은 반드시 되돌아와 그 주인이 그것을 받는다.
어리석은 자는 죄를 짓고
현세에서도 내세에서도
괴로움에 몸부림친다.

날라카의 수행

[세존께서 날라카에게 수행자의 자세에 대해 설하셨다.]

1.
홀로 있는 일에 익숙하라.
으뜸가는 수행은 홀로 있는 것이다.
홀로 있을 때 최상의 즐거움을 누릴 수 있다.

2.
개울물은 소리 내어 흐르지만,
큰 강물은 소리 없이 흐른다.
모자라는 것은 소리를 내지만,
가득 찬 것은 아주 조용하다.
어리석은 자는 반쯤 물을 채운 항아리 같고,
지혜로운 이는 물이 가득 찬 연못과 같다.

3.
수행자가 진리를 말하는 것은
스스로 아는 바를 남에게 가르치기 위해서이다.
그러나 진리를 알면서도

많은 말을 하지 않는다면,
그는 지혜로운 자다.
지혜의 절정을 체험한 자다.

두 가지 고찰

나는 이렇게 들었다.
[세존께서 사위성에 머물고 계셨다. 보름날 밤 세존께서는 제자들에게 번뇌의 원인과 번뇌의 소멸에 대해 설하셨다.]

1.
번뇌를 모르고 또 번뇌가 생기는 원인을 모르며,
번뇌를 남김없이 없애는 방법도,
번뇌를 그치게 하는 길도 모르는 사람들.
그들은 마음의 해탈을 얻지 못하고,
지혜의 해탈도 얻지 못한다.
그들은 윤회를 끊어버릴 수가 없다.

2.
번뇌를 알고, 번뇌가 일어나는 원인을 알고,
번뇌를 남김없이 없애는 방법을 알고,
또 번뇌를 그치게 하는 길을 안 사람들.
그들은 마음의 해탈을 이루고,
지혜의 해탈도 이룬다.
그들은 윤회를 끊어 버릴 수가 있다.

3.
어떠한 번뇌도, 좋다 나쁘다고 분별하는 마음으로 인해 일어난다.
분별하는 마음이 소멸된다면 번뇌가 생길 수 없다.
분별하는 마음을 고요히 가라앉히면,
쾌락을 탐하지 않고 평안 속에 있다.

4.
세상 사람들은 내가 아닌 것을 '나'라고 생각하고,
명칭과 모양에 집착한다.
이것을 진리라고 생각하고 있다.
어떤 것에 대해서, 이렇다 저렇다고 생각하더라도
그것은 사실과는 다르다.
지나가 버리는 것은 모두 허망하다.
그러나 해탈은 허망한 것이 아니다.
성자들은 이것을 진리로 알고 있다.
그들은 진리를 깨달았기 때문에,
쾌락에서 벗어나 평안에 든 것이다.

5.
존재하는 형상·소리·향기·맛·감촉 그리고
생각할 수 있는 것으로 한결같이 사랑스럽고 마음에 드는 것.
이런 것들을 세상 사람들은 '기쁨'이라 생각한다.
또한 그것이 사라질 때에는 '고통'이라고 생각한다.

그러나 성인들은 자기 몸이 집착을 끊는 것을 '기쁨'이라 생각한다.
세상 사람들이 '기쁨'이라 하는 것을 성인들은 '고통'이라고 말한다.
세상 사람들이 '번뇌'라고 하는 것을 성인들은 '기쁨'이라고 말한다.

욕망

1.
물욕을 이루고자 하는 사람이 자신의 뜻대로 될 때에는,
그는 얻고 싶은 것을 얻었기에 기뻐한다.
물욕을 이루고자 하는 사람이 자신의 뜻대로 되지 않을 때에는,
그는 화살에 맞은 것처럼 괴로워한다.

2.
뱀의 머리를 밟지 않으려고 조심하는 것처럼,
모든 물욕을 피하려는 사람은 바른 생각을 가지고,
이 세상의 집착을 넘어서라.

3.
집이나 논과 밭과 같은 물질을
그 밖에 여러 가지를 탐내는 사람이 있다면
온갖 번뇌가 그를 이기고
위험과 재난이 그를 짓밟는다.
마치 파손된 배에 물이 새어들 듯이.

4.
항상 바른 생각을 지키고,
모든 물욕을 피해야 한다.
마치 배에 스며든 물을 퍼내듯이.
물욕을 버리고 강을 건너 피안에 도달한 사람이 되라.

동굴

1.
동굴 속에 머무르며 집착하고,
온갖 번뇌에 사로잡힌 어리석은 사람,
이러한 사람은 집착에서 벗어날 수 없다.
참으로 이 세상의 욕망을 버리기란 어렵기 때문이다.

2.
욕망에 따라 삶의 쾌락에 붙잡힌 사람들은
번뇌에서 벗어나기 어렵다.
남이 번뇌를 소멸시켜 줄 수 없기 때문이다.
그들은 미래와 과거를 생각하면서 현재의 욕망에 빠져든다.

3.
'내 것'에 집착하는 사람들을 보라.
그들은 물이 메말라 버린 개울에서 허덕이고 있는 물고기와 같다.
'내 것'이라는 생각에서 벗어나야 한다.
욕망에 대한 집착에서도 벗어나야 한다.

4.
존재의 거센 강을 건너가거라.
소유하고자 하는 집착에서 벗어나,
욕망의 화살을 뽑아 버리고 자신만의 길을 가거라.
이 유한의 세계와 저 유한의 세계를 모두 버리거라.

*동굴은 육체를 비유한 말.

분노

1.
마음으로부터 화를 내고 남을 비방하는 사람이 있다.
또한 마음이 진실한 사람이라도 남을 비방하는 일이 있다.
비방하는 말을 들을 지라도 현명한 사람은 흔들리지 않는다.
현명한 사람은 무슨 일에나 마음이 거칠어지지 않는다.

2.
욕심에 끌리고, 자신의 생각에만 집착하는 사람이
어떻게 자기의 견해를 초월할 수 있을까.
그는 자신이 완전하다고 생각한 것을 그대로 행한다.
그는 또한 아는 대로 떠들어 댈 것이다.
모든 사물에 대해 본질을 꿰뚫어 보고,
자기 견해만을 고집하지 않는 것은 쉬운 일이 아니다.
때문에 사람들은 그런 비좁은 생각의 울타리 안에 갇혀
진리와 가르침을 등지고 아집에 사로잡힌다.

3.
죄악을 없애버린 현명한 사람은
모든 생존에 대해 편견을 갖지 않는다.

허위와 오만을 모두 버린 사람은
영혼이 더 이상 방황하지 않는다.
그는 의지할 것 없이 혼자서 간다.

늙음

1.
아, 인간이여, 인간의 목숨이여.
백년을 산다한들, 혹 백년을 더 산다한들
늙고 쇠하고 마침내 죽음에 이르는 것을.

2.
꿈속에서 만난 사람을
다시 볼 수 없듯이,
사랑하는 사람이 죽어 이 세상을 떠나면
다시 만날 수 없듯이,
허망함이여!

3.
마치 연꽃잎에 물이 묻지 않는 것처럼,
아무 것에도 머물지 않고,
사랑하거나 미워하지도 않고,
모든 인연을 떠나
니르바나, 저 언덕으로 가는 것이다.

수행자

1.
수행자는 마음이 평안해야 한다.
밖에서 고요함을 찾지도 말라.
안으로 평안한 사람은 고집할 것이 없다.
바다 속에서는 파도가 일지 않고 잔잔하듯이,
마음을 고요히 하여 흔들리지 말라.
무슨 일에나 욕심을 내지 말고.

2.
눈으로 보는 것에 대해 탐욕을 갖지 말라.
저속한 이야기에 귀를 기울이지 말라.
맛에 탐착하지 말라.
세상에 있는 어떤 것이라도
내 것이라고 고집하지 말라.
고통을 겪을 지라도 결코 비탄에 빠지지 말라.
마음을 고요히 하라.
지나간 일에 대해 후회하지 말고, 게으르지 말라.
잠을 많이 자지 말라.
부지런하고 깨어 있어라.
게으름, 거짓과 농담, 유희와 겉치레를 버려라.

제자들에 대한 설법

1.
세상은 무명에 덮여 있다.
세상은 탐욕과 게으름 때문에 빛나지 않는다.
욕심은 세상의 더러움이며,
번뇌는 세상의 커다란 공포이다.

2.
누구도 남을 해탈시켜 주지 못한다.
오르지 자신 스스로 으뜸가는 진리를 안다면,
그것으로 인해 번뇌의 강을 건너게 되리라.

3.
세상 사람들은 환희에 속박되어 있다.
세상을 움직이는 것은 사람들의 생각이다.
그 생각에 대한 애착을 끊어버림으로써 평안해질 수 있다.

4.
사람들은 집착에 빠져 괴로워하며 늙어간다.
그러므로 그대들은 이를 잘 보면서

부지런히 집착의 헛된 꿈에서 깨어나야 한다.
그리하여 다시는
고뇌에 찬 이 생존 속으로
다시는 들어오지 말아야 한다.

쉬어가기

밀양아리랑

날 좀 보소
날 좀 보소
날 좀 보소
동지선달 꽃 본 듯이
날 좀 보소

* 현전하는 '아리랑' 중 경상도 지역의 대표적 통속 민요인 '밀양 아리랑' 한 소절에 화두를 던져 봅니다.
나는 누군가에게 동지선달에 보는 꽃과 같이 반가운 사람입니까?
나는 누군가를 한겨울에 꽃을 보듯 예쁘고 기쁘게 보고 있습니까?
자신에게 물음을 던져 볼 일입니다.
모습대로, 향기대로 예쁘지 않은 꽃이 어디 있습니까?
매듭 없는 인연을 위해 모두를 꽃으로 보는 그대가 바로 이 순간에 꽃이 됩니다.

마하반야바라밀다심경

마하 반야 바라밀다 심경 관자재보살이 깊은

반야바라밀다를 행할 때,

오온이 공한 것을 비추어 보고 온갖 고통에서 건너느니라

사리자여!

색이 공과 다르지 않고 공이 색과 다르지 않으며,

색이 곧 공이요, 공이 곧 색이니, 수·상·행·식도

그러하니라

사리자여!

모든 법은 공하여 나지도 멸하지도 않으며,

더럽지도 깨끗하지도 않으며, 늘지도 줄지도 않느니라

그러므로 공 가운데는 색이 없고, 수 상 행 식도 없으며.

안 이 비 설 신 의도 없고, 색 성 향 미 촉 법도 없으며.

눈의 경계도, 의식의 경계까지도 없고,

무명도, 무명이 다함까지도 없으며,

늙고 죽음도 늙고 죽음이 다함까지도 없고,
고·집·멸도도 없으며. 지혜도 얻음도 없느니라
얻을 것이 없는 까닭에 보살은 반야바라밀다를
의지하므로, 마음에 걸림이 없고, 걸림이 없으므로,
두려움이 없어서 뒤바뀐 헛된 생각을 멀리 떠나
완전한 열반에 들어가며, 삼세의 모든 부처님도
반야바라밀다를 의지하므로, 최상의 깨달음을 얻느니라
반야바라밀다는 가장 신비하고 밝은 주문이며,
위없는 주문이며, 무엇과도 견줄 수 없는 주문이니
온갖 괴로움을 없애고 진실하여 허망하지 않음을
알지니라
이제 반야바라밀다주를 말하리라

아제아제 바라아제 바라승아제 모지사바하
아제아제 바라아제 바라승아제 모지사바하
아제아제 바라아제 바라승아제 모지사바하

摩訶般若波羅蜜多心經

觀自在菩薩 行深般若波羅密多時 照見五蘊皆空 度一切苦厄
舍利子 色不異空 空不異色 色即是空 空即是色 受想行識 亦復如是
舍利子 是諸法空相 不生不滅 不垢不淨 不增不減 是故 空中無色
無受想行識 無眼耳鼻舌身意 無色聲香味觸法 無眼界 乃至 無意識界
無無明 亦無無明盡 乃至 無老死 亦無老死盡
無苦集滅道 無智亦無得 以無所得故 菩提薩埵 依般若波羅密多
故心無罣碍 無罣碍故 無有恐怖 遠

摩訶般若波羅蜜多心經

觀自在菩薩 行深般若波羅密多時 照見五蘊皆空 度一切苦厄
舍利子 色不異空 空不異色 色即是空 空即是色 受想行識 亦復如是
舍利子 是諸法空相 不生不滅 不垢不淨 不增不減 是故 空中無色
無受想行識 無眼耳鼻舌身意 無色聲香味觸法 無眼界 乃至 無意識界
無無明 亦無無明盡 乃至 無老死亦無老死盡
無苦集滅道 無智亦無得 以無所得故
菩提薩埵 依般若波羅密多
故心無罣碍 無罣碍故 無有恐怖 遠

離顛倒夢想 究竟涅槃
三世諸佛 依般若波羅密多 故得阿耨
多羅三藐三菩提 故知般若波羅密多
是大神呪 是大明呪 是無上呪
是無等等呪 能除一切苦 眞實不虛
故說般若波羅密多呪 即說呪曰
揭諦揭諦 波羅揭諦 波羅僧揭諦
菩提 娑婆訶
揭諦揭諦 波羅揭諦 波羅僧揭諦
菩提 娑婆訶
揭諦揭諦 波羅揭諦 波羅僧揭諦
菩提 娑婆訶

離顛倒夢想 究竟涅槃
三世諸佛 依般若波羅密多 故得阿耨
多羅三藐三菩提 故知般若波羅密多
是大神呪 是大明呪 是無上呪
是無等等呪 能除一切苦 眞實不虛
故說般若波羅密多呪 卽說呪曰
揭諦揭諦 波羅揭諦 波羅僧揭諦
菩提 娑婆訶
揭諦揭諦 波羅揭諦 波羅僧揭諦
菩提 娑婆訶
揭諦揭諦 波羅揭諦 波羅僧揭諦
菩提 娑婆訶

마하반야바라밀다심경

마하 반야 바라밀다 심경 관자재보살이 깊은

반야바라밀다를 행할 때,

오온이 공한 것을 비추어 보고 온갖 고통에서 건너느니라

사리자여!

색이 공과 다르지 않고 공이 색과 다르지 않으며,

색이 곧 공이요, 공이 곧 색이니, 수·상·행·식도

그러하니라

사리자여!

모든 법은 공하여 나지도 멸하지도 않으며,

더럽지도 깨끗하지도 않으며, 늘지도 줄지도 않느니라

그러므로 공 가운데는 색이 없고, 수 상 행 식도 없으며,

안 이 비 설 신 의도 없고, 색 성 향 미 촉 법도 없으며,

눈의 경계도, 의식의 경계까지도 없고,

무명도, 무명이 다함까지도 없으며,

늙고 죽음도 늙고 죽음이 다함까지도 없고,
고·집·멸도도 없으며. 지혜도 얻음도 없느니라
얻을 것이 없는 까닭에 보살은 반야바라밀다를
의지하므로, 마음에 걸림이 없고, 걸림이 없으므로,
두려움이 없어서 뒤바뀐 헛된 생각을 멀리 떠나
완전한 열반에 들어가며, 삼세의 모든 부처님도
반야바라밀다를 의지하므로, 최상의 깨달음을 얻느니라
반야바라밀다는 가장 신비하고 밝은 주문이며,
위없는 주문이며, 무엇과도 견줄 수 없는 주문이니
온갖 괴로움을 없애고 진실하여 허망하지 않음을
알지니라
이제 반야바라밀다주를 말하리라

아제아제 바라아제 바라승아제 모지사바하
아제아제 바라아제 바라승아제 모지사바하
아제아제 바라아제 바라승아제 모지사바하

摩訶般若波羅蜜多心經

觀自在菩薩 行深般若波羅密多時 照見五蘊皆空 度一切苦厄
舍利子 色不異空 空不異色 色即是空 空即是色 受想行識 亦復如是
舍利子 是諸法空相 不生不滅 不垢不淨 不增不減 是故 空中無色
無受想行識 無眼耳鼻舌身意 無色聲香味觸法 無眼界 乃至 無意識界
無無明 亦無無明盡 乃至 無老死 亦無老死盡
無苦集滅道 無智亦無得 以無所得故
菩提薩埵 依般若波羅密多
故心無罣碍 無罣碍故 無有恐怖 遠

摩訶般若波羅蜜多心經

觀自在菩薩 行深般若波羅密多時 照見五蘊皆空 度一切苦厄
舍利子 色不異空 空不異色 色卽是空 空卽是色 受想行識 亦復如是
舍利子 是諸法空相 不生不滅 不垢不淨 不增不減 是故 空中無色
無受想行識 無眼耳鼻舌身意 無色聲香味觸法 無眼界 乃至 無意識界
無無明 亦無無明盡 乃至 無老死 亦無老死盡
無苦集滅道 無智亦無得 以無所得故 菩提薩埵 依般若波羅密多
故心無罣碍 無罣碍故 無有恐怖 遠

離顚倒夢想 究竟涅槃
三世諸佛 依般若波羅密多 故得阿耨
多羅三藐三菩提 故知般若波羅密多
是大神呪 是大明呪 是無上呪
是無等等呪 能除一切苦 眞實不虛
故說般若波羅密多呪 卽說呪曰
揭諦揭諦 波羅揭諦 波羅僧揭諦
菩提 娑婆訶
揭諦揭諦 波羅揭諦 波羅僧揭諦
菩提 娑婆訶
揭諦揭諦 波羅揭諦 波羅僧揭諦
菩提 娑婆訶

離顛倒夢想 究竟涅槃
三世諸佛 依般若波羅密多 故得阿耨
多羅三藐三菩提 故知般若波羅密多
是大神呪 是大明呪 是無上呪
是無等等呪 能除一切苦 眞實不虛
故說般若波羅密多呪 卽說呪曰
揭諦揭諦 波羅揭諦 波羅僧揭諦
菩提 娑婆訶
揭諦揭諦 波羅揭諦 波羅僧揭諦
菩提 娑婆訶
揭諦揭諦 波羅揭諦 波羅僧揭諦
菩提 娑婆訶

마하반야바라밀다심경

마하 반야 바라밀다 심경 관자재보살이 깊은

반야바라밀다를 행할 때,

오온이 공한 것을 비추어 보고 온갖 고통에서 건너느니라

사리자여!

색이 공과 다르지 않고 공이 색과 다르지 않으며,

색이 곧 공이요, 공이 곧 색이니, 수·상·행·식도

그러하니라

사리자여!

모든 법은 공하여 나지도 멸하지도 않으며,

더럽지도 깨끗하지도 않으며, 늘지도 줄지도 않느니라

그러므로 공 가운데는 색이 없고, 수 상 행 식도 없으며.

안 이 비 설 신 의도 없고, 색 성 향 미 촉 법도 없으며.

눈의 경계도, 의식의 경계까지도 없고,

무명도, 무명이 다함까지도 없으며,

늙고 죽음도 늙고 죽음이 다함까지도 없고,
고·집·멸도도 없으며. 지혜도 얻음도 없느니라
얻을 것이 없는 까닭에 보살은 반야바라밀다를
의지하므로, 마음에 걸림이 없고, 걸림이 없으므로,
두려움이 없어서 뒤바뀐 헛된 생각을 멀리 떠나
완전한 열반에 들어가며, 삼세의 모든 부처님도
반야바라밀다를 의지하므로, 최상의 깨달음을 얻느니라
반야바라밀다는 가장 신비하고 밝은 주문이며,
위없는 주문이며, 무엇과도 견줄 수 없는 주문이니
온갖 괴로움을 없애고 진실하여 허망하지 않음을
알지니라
이제 반야바라밀다주를 말하리라

아제아제 바라아제 바라승아제 모지사바하
아제아제 바라아제 바라승아제 모지사바하
아제아제 바라아제 바라승아제 모지사바하

摩訶般若波羅蜜多心經

觀自在菩薩 行深般若波羅密多時 照見五蘊皆空 度一切苦厄
舍利子 色不異空 空不異色 色卽是空 空卽是色 受想行識 亦復如是
舍利子 是諸法空相 不生不滅 不垢不淨 不增不減 是故 空中無色
無受想行識 無眼耳鼻舌身意 無色聲香味觸法 無眼界 乃至 無意識界
無無明 亦無無明盡 乃至 無老死 亦無老死盡
無苦集滅道 無智亦無得 以無所得故 菩提薩埵 依般若波羅密多
故心無罣碍 無罣碍故 無有恐怖 遠

摩訶般若波羅蜜多心經

觀自在菩薩 行深般若波羅密多時 照見五蘊皆空 度一切苦厄
舍利子 色不異空 空不異色 色即是空 空即是色 受想行識 亦復如是
舍利子 是諸法空相 不生不滅 不垢不淨 不增不減 是故 空中無色
無受想行識 無眼耳鼻舌身意 無色聲香味觸法 無眼界 乃至 無意識界
無無明 亦無無明盡 乃至 無老死亦無老死盡
無苦集滅道 無智亦無得 以無所得故 菩提薩埵 依般若波羅密多
故心無罣碍 無罣碍故 無有恐怖 遠

離顛倒夢想 究竟涅槃
三世諸佛 依般若波羅密多 故得阿耨
多羅三藐三菩提 故知般若波羅密多
是大神呪 是大明呪 是無上呪
是無等等呪 能除一切苦 眞實不虛
故說般若波羅密多呪 卽說呪曰
揭諦揭諦 波羅揭諦 波羅僧揭諦
菩提 娑婆訶
揭諦揭諦 波羅揭諦 波羅僧揭諦
菩提 娑婆訶
揭諦揭諦 波羅揭諦 波羅僧揭諦
菩提 娑婆訶

離顛倒夢想 究竟涅槃
三世諸佛 依般若波羅密多 故得阿耨
多羅三藐三菩提 故知般若波羅密多
是大神呪 是大明呪 是無上呪
是無等等呪 能除一切苦 眞實不虛
故說般若波羅密多呪 卽說呪曰
揭諦揭諦 波羅揭諦 波羅僧揭諦
菩提 娑婆訶
揭諦揭諦 波羅揭諦 波羅僧揭諦
菩提 娑婆訶
揭諦揭諦 波羅揭諦 波羅僧揭諦
菩提 娑婆訶

마하반야바라밀다심경

마하 반야 바라밀다 심경 관자재보살이 깊은

반야바라밀다를 행할 때,

오온이 공한 것을 비추어 보고 온갖 고통에서 건너느니라

사리자여!

색이 공과 다르지 않고 공이 색과 다르지 않으며,

색이 곧 공이요, 공이 곧 색이니, 수·상·행·식도

그러하니라

사리자여!

모든 법은 공하여 나지도 멸하지도 않으며,

더럽지도 깨끗하지도 않으며, 늘지도 줄지도 않느니라

그러므로 공 가운데는 색이 없고, 수 상 행 식도 없으며,

안 이 비 설 신 의도 없고, 색 성 향 미 촉 법도 없으며.

눈의 경계도, 의식의 경계까지도 없고,

무명도, 무명이 다함까지도 없으며,

늙고 죽음도 늙고 죽음이 다함까지도 없고,

고·집·멸도도 없으며, 지혜도 얻음도 없느니라

얻을 것이 없는 까닭에 보살은 반야바라밀다를

의지하므로, 마음에 걸림이 없고, 걸림이 없으므로,

두려움이 없어서 뒤바뀐 헛된 생각을 멀리 떠나

완전한 열반에 들어가며, 삼세의 모든 부처님도

반야바라밀다를 의지하므로, 최상의 깨달음을 얻느니라

반야바라밀다는 가장 신비하고 밝은 주문이며,

위없는 주문이며, 무엇과도 견줄 수 없는 주문이니

온갖 괴로움을 없애고 진실하여 허망하지 않음을

알지니라

이제 반야바라밀다주를 말하리라

아제아제 바라아제 바라승아제 모지사바하

아제아제 바라아제 바라승아제 모지사바하

아제아제 바라아제 바라승아제 모지사바하

摩訶般若波羅蜜多心經

觀自在菩薩 行深般若波羅密多時 照見五蘊皆空 度一切苦厄
舍利子 色不異空 空不異色 色即是空 空即是色 受想行識 亦復如是
舍利子 是諸法空相 不生不滅 不垢不淨 不增不減 是故 空中無色
無受想行識 無眼耳鼻舌身意 無色聲香味觸法 無眼界 乃至 無意識界
無無明 亦無無明盡 乃至 無老死 亦無老死盡
無苦集滅道 無智亦無得 以無所得故 菩提薩埵 依般若波羅密多
故心無罣碍 無罣碍故 無有恐怖 遠

摩訶般若波羅蜜多心經

觀自在菩薩 行深般若波羅密多時 照見五蘊皆空 度一切苦厄
舍利子 色不異空 空不異色 色即是空 空即是色 受想行識 亦復如是
舍利子 是諸法空相 不生不滅 不垢不淨 不增不減 是故 空中無色
無受想行識 無眼耳鼻舌身意 無色聲香味觸法 無眼界 乃至 無意識界
無無明 亦無無明盡 乃至 無老死 亦無老死盡
無苦集滅道 無智亦無得 以無所得故 菩提薩埵 依般若波羅密多
故心無罣碍 無罣碍故 無有恐怖 遠

離顛倒夢想 究竟涅槃
三世諸佛 依般若波羅密多 故得阿耨
多羅三藐三菩提 故知般若波羅密多
是大神呪 是大明呪 是無上呪
是無等等呪 能除一切苦 眞實不虛
故說般若波羅密多呪 即說呪曰
揭諦揭諦 波羅揭諦 波羅僧揭諦
菩提 娑婆訶
揭諦揭諦 波羅揭諦 波羅僧揭諦
菩提 娑婆訶
揭諦揭諦 波羅揭諦 波羅僧揭諦
菩提 娑婆訶

離顛倒夢想 究竟涅槃
三世諸佛 依般若波羅密多 故得阿耨
多羅三藐三菩提 故知般若波羅密多
是大神呪 是大明呪 是無上呪
是無等等呪 能除一切苦 眞實不虛
故說般若波羅密多呪 即說呪曰
揭諦揭諦 波羅揭諦 波羅僧揭諦
菩提 娑婆訶
揭諦揭諦 波羅揭諦 波羅僧揭諦
菩提 娑婆訶
揭諦揭諦 波羅揭諦 波羅僧揭諦
菩提 娑婆訶

마하반야바라밀다심경

마하 반야 바라밀다 심경 관자재보살이 깊은

반야바라밀다를 행할 때,

오온이 공한 것을 비추어 보고 온갖 고통에서 건너느니라

사리자여!

색이 공과 다르지 않고 공이 색과 다르지 않으며,

색이 곧 공이요, 공이 곧 색이니, 수·상·행·식도

그러하니라

사리자여!

모든 법은 공하여 나지도 멸하지도 않으며,

더럽지도 깨끗하지도 않으며, 늘지도 줄지도 않느니라

그러므로 공 가운데는 색이 없고, 수 상 행 식도 없으며.

안 이 비 설 신 의도 없고, 색 성 향 미 촉 법도 없으며.

눈의 경계도, 의식의 경계까지도 없고,

무명도, 무명이 다함까지도 없으며,

늙고 죽음도 늙고 죽음이 다함까지도 없고,
고·집·멸도도 없으며. 지혜도 얻음도 없느니라
얻을 것이 없는 까닭에 보살은 반야바라밀다를
의지하므로, 마음에 걸림이 없고, 걸림이 없으므로,
두려움이 없어서 뒤바뀐 헛된 생각을 멀리 떠나
완전한 열반에 들어가며, 삼세의 모든 부처님도
반야바라밀다를 의지하므로, 최상의 깨달음을 얻느니라
반야바라밀다는 가장 신비하고 밝은 주문이며,
위없는 주문이며, 무엇과도 견줄 수 없는 주문이니
온갖 괴로움을 없애고 진실하여 허망하지 않음을
알지니라
이제 반야바라밀다주를 말하리라

아제아제 바라아제 바라승아제 모지사바하
아제아제 바라아제 바라승아제 모지사바하
아제아제 바라아제 바라승아제 모지사바하

摩訶般若波羅蜜多心經

觀自在菩薩 行深般若波羅密多時 照見五蘊皆空 度一切苦厄
舍利子 色不異空 空不異色 色即是空 空即是色 受想行識 亦復如是
舍利子 是諸法空相 不生不滅 不垢不淨 不增不減 是故 空中無色
無受想行識 無眼耳鼻舌身意 無色聲香味觸法 無眼界 乃至 無意識界
無無明 亦無無明盡 乃至 無老死 亦無老死盡
無苦集滅道 無智亦無得 以無所得故 菩提薩埵 依般若波羅密多
故心無罣碍 無罣碍故 無有恐怖 遠

摩訶般若波羅蜜多心經

觀自在菩薩 行深般若波羅密多時 照見五蘊皆空 度一切苦厄

舍利子 色不異空 空不異色 色即是空 空即是色 受想行識 亦復如是

舍利子 是諸法空相 不生不滅 不垢不淨 不增不減 是故 空中無色

無受想行識 無眼耳鼻舌身意 無色聲香味觸法 無眼界 乃至 無意識界

無無明 亦無無明盡 乃至 無老死 亦無老死盡

無苦集滅道 無智亦無得 以無所得故

菩提薩埵 依般若波羅密多

故心無罣礙 無罣礙故 無有恐怖 遠

離顛倒夢想 究竟涅槃
三世諸佛 依般若波羅密多 故得阿耨
多羅三藐三菩提 故知般若波羅密多
是大神呪 是大明呪 是無上呪
是無等等呪 能除一切苦 眞實不虛
故說般若波羅密多呪 卽說呪曰
揭諦揭諦 波羅揭諦 波羅僧揭諦
菩提 娑婆訶
揭諦揭諦 波羅揭諦 波羅僧揭諦
菩提 娑婆訶
揭諦揭諦 波羅揭諦 波羅僧揭諦
菩提 娑婆訶

離顛倒夢想 究竟涅槃
三世諸佛 依般若波羅密多 故得阿耨
多羅三藐三菩提 故知般若波羅密多
是大神呪 是大明呪 是無上呪
是無等等呪 能除一切苦 眞實不虛
故說般若波羅密多呪 卽說呪曰
揭諦揭諦 波羅揭諦 波羅僧揭諦
菩提 娑婆訶
揭諦揭諦 波羅揭諦 波羅僧揭諦
菩提 娑婆訶
揭諦揭諦 波羅揭諦 波羅僧揭諦
菩提 娑婆訶

마하반야바라밀다심경

마하 반야 바라밀다 심경 관자재보살이 깊은

반야바라밀다를 행할 때,

오온이 공한 것을 비추어 보고 온갖 고통에서 건너느니라

사리자여!

색이 공과 다르지 않고 공이 색과 다르지 않으며,

색이 곧 공이요, 공이 곧 색이니, 수·상·행·식도

그러하니라

사리자여!

모든 법은 공하여 나지도 멸하지도 않으며,

더럽지도 깨끗하지도 않으며, 늘지도 줄지도 않느니라

그러므로 공 가운데는 색이 없고, 수 상 행 식도 없으며.

안 이 비 설 신 의도 없고, 색 성 향 미 촉 법도 없으며.

눈의 경계도, 의식의 경계까지도 없고,

무명도, 무명이 다함까지도 없으며,

늙고 죽음도 늙고 죽음이 다함까지도 없고,

고·집·멸도도 없으며. 지혜도 얻음도 없느니라

얻을 것이 없는 까닭에 보살은 반야바라밀다를

의지하므로, 마음에 걸림이 없고, 걸림이 없으므로,

두려움이 없어서 뒤바뀐 헛된 생각을 멀리 떠나

완전한 열반에 들어가며, 삼세의 모든 부처님도

반야바라밀다를 의지하므로, 최상의 깨달음을 얻느니라

반야바라밀다는 가장 신비하고 밝은 주문이며,

위없는 주문이며, 무엇과도 견줄 수 없는 주문이니

온갖 괴로움을 없애고 진실하여 허망하지 않음을

알지니라

이제 반야바라밀다주를 말하리라

아제아제 바라아제 바라승아제 모지사바하

아제아제 바라아제 바라승아제 모지사바하

아제아제 바라아제 바라승아제 모지사바하

摩訶般若波羅蜜多心經

觀自在菩薩 行深般若波羅密多時 照見五蘊皆空 度一切苦厄
舍利子 色不異空 空不異色 色即是空 空即是色 受想行識 亦復如是
舍利子 是諸法空相 不生不滅 不垢不淨 不增不減 是故 空中無色
無受想行識 無眼耳鼻舌身意 無色聲香味觸法 無眼界 乃至 無意識界
無無明 亦無無明盡 乃至 無老死 亦無老死盡
無苦集滅道 無智亦無得 以無所得故
菩提薩埵 依般若波羅密多
故心無罣碍 無罣碍故 無有恐怖 遠

摩訶般若波羅蜜多心經

觀自在菩薩 行深般若波羅密多時 照見五蘊皆空 度一切苦厄
舍利子 色不異空 空不異色 色即是空 空即是色 受想行識 亦復如是
舍利子 是諸法空相 不生不滅 不垢不淨 不增不減 是故 空中無色
無受想行識 無眼耳鼻舌身意 無色聲香味觸法 無眼界 乃至 無意識界
無無明 亦無無明盡 乃至 無老死 亦無老死盡
無苦集滅道 無智亦無得 以無所得故 菩提薩埵 依般若波羅密多
故心無罣碍 無罣碍故 無有恐怖 遠

離顛倒夢想 究竟涅槃
三世諸佛 依般若波羅密多 故得阿耨
多羅三藐三菩提 故知般若波羅密多
是大神呪 是大明呪 是無上呪
是無等等呪 能除一切苦 眞實不虛
故說般若波羅密多呪 即說呪曰
揭諦揭諦 波羅揭諦 波羅僧揭諦
菩提 娑婆訶
揭諦揭諦 波羅揭諦 波羅僧揭諦
菩提 娑婆訶
揭諦揭諦 波羅揭諦 波羅僧揭諦
菩提 娑婆訶

離顛倒夢想 究竟涅槃
三世諸佛 依般若波羅密多 故得阿耨
多羅三藐三菩提 故知般若波羅密多
是大神呪 是大明呪 是無上呪
是無等等呪 能除一切苦 眞實不虛
故說般若波羅密多呪 即說呪曰
揭諦揭諦 波羅揭諦 波羅僧揭諦
菩提 娑婆訶
揭諦揭諦 波羅揭諦 波羅僧揭諦
菩提 娑婆訶
揭諦揭諦 波羅揭諦 波羅僧揭諦
菩提 娑婆訶

쉬어가기

산토끼

산토끼 토끼야 어디를 가느냐
깡충깡충 뛰면서 어디를 가느냐
산 고개 고개를 나 혼자 넘어서
토실토실 알밤을 주워서 올테야

* 흔히 어릴 적 불러보고 들었던 동심이 담긴 '산토끼' 노래.
추억을 떠올리듯 다시 불러봅니다.
나는 지금 어디로 가고 있습니까?
나는 무엇을 위해 힘들게 뛰고 있습니까?
내가 볼 수 없는 나의 뒷모습은 아름다운지?
가끔 고개 돌려 뒷사람에게 물어볼 일입니다.
우리 삶의 모습도 관조해 볼 일입니다.
뒤를 돌아보면 그리웠던 하늘도 거기 있습니다.

진보 수업 배움

사강(師講) 등 나임
공부의자리

1판 1쇄 발행 | 2016. 6. 25.

발행처 | **Human & Books**
발행인 | 하응백
출판등록 | 2002년 6월 5일 제2002113호
기획 편집부 | 서울특별시 종로구 삼일대로 457 1009호(경운동, 수운회관)
전화 02-6327-3535, 팩시밀리 02-6327-5353
이메일 | hbooks@empas.com

잘못 만든 책은 바꿔 드립니다.

ISBN 978-89-6078-428-4 13220

옻칠회화
소나 을(를) 말하다